Alexandra Hanneforth

Wir fangen an zu lesen!

Individualisierte Materialien für den Erstleseunterricht

Verlag an der Ruhr

Impressum

Titel: **Wir fangen an zu lesen!**
Individualisierte Materialien für den Erstleseunterricht

Autorin: Alexandra Hanneforth

Illustrationen: Alexandra Hanneforth

Druck: Druckerei Uwe Nolte, Iserlohn

Verlag: **Verlag an der Ruhr**
Alexanderstraße 54 – 45472 Mülheim an der Ruhr
Postfach 10 22 51 – 45422 Mülheim an der Ruhr
Tel.: 0208/439 54 50 – Fax: 0208/439 54 239
E-Mail: info@verlagruhr.de
www.verlagruhr.de

ISBN 978-3-8346-0426-2

geeignet für die Klasse 1 2 3 4 5

Die Schreibweise der Texte folgt der neuesten Fassung der Rechtschreibregeln – gültig seit August 2006.

Ein weiterer Beitrag zum Umweltschutz:

Das Papier, auf das dieser Titel gedruckt ist, hat ca. ***50% Altpapieranteil,*** *der Rest sind* ***chlorfrei*** *gebleichte Primärfasern.*

ÖKOPROFIT® Mülheim an der Ruhr 2007/2008

Wir sind seit 2008 ein ÖKOPROFIT®-Betrieb und setzen uns damit aktiv für den Umweltschutz ein. Das ÖKOPROFIT®-Projekt unterstützt Betriebe dabei, die Umwelt durch nachhaltiges Wirtschaften zu entlasten und Kosten zu senken.

Respect Copyright – Encourage Creativity

Inhaltsverzeichnis

Vorbemerkungen

Wenn Kinder in die Schule kommen, wollen sie in der Regel ganz schnell lesen lernen. Hauptaufgabe des Leseunterrichts ist es daher, diese Motivation durch anregende Leseanlässe zu erhalten und zu fördern – denn wer gerne und viel liest, liest auch gut. Lesen lernen ist für viele Kinder anstrengend und kann die Lesebegeisterung schnell verblassen lassen. Umso wichtiger ist es, durch geeignetes Lesematerial immer wieder neue Anreize zu schaffen. Mit geeignetem Lesematerial sind Aufgaben gemeint, die die individuellen Fähigkeiten der Schüler* berücksichtigen und sie weder über- noch unterfordern.

Die Leseangebote sollten durch die Wahl der Thematik für 5- bis 7-Jährige interessant sein, um die Anstrengungen des Lesenlernens „lohnenswert" zu machen. Schließlich sollten geeignete Materialien abwechslungsreich sein und verschiedene Aspekte des Lesens (Lesen aus Freude, Lesen zur Informationsgewinnung, Lesen als Handlungsanregung ...) aufgreifen.

Bei den vorliegenden Angeboten habe ich mich bemüht, diesem Anspruch gerecht zu werden. Es handelt sich um die sechs Themenbereiche Dinosaurier, Gespenster, Märchen, Piraten, Haustiere und Weltall. Themen, die für viele Kinder sicher interessant sind.

Zu diesen Themen gibt es jeweils fünf Übungsbereiche. Die beiden ersten Angebote (Leseheft, Schau genau!) sind für Leseanfänger gedacht und können eingesetzt werden, sobald der Schüler das Leseprinzip verstanden hat. Bei den folgenden Übungsbereichen (Leselotto, Rezeptbücher und Stabpuppen-Theater) steigert sich der Schwierigkeitsgrad. Sie sind somit für fortgeschrittenere Leser des 1. und 2. Jahrgangs geeignet.

Bei den fünf Übungsbereichen stehen jeweils unterschiedliche Aspekte des Lesens im Vordergrund. Bei den Leseheften wird vor allem das Sinn entnehmende Lesen trainiert. „Schau genau!" ist in erster Linie eine Konzentrations- und Wahrnehmungsschulung. Neben dem spielerischen Aspekt geht es beim Angebot „Leselotto" um die Wissenserweiterung zum jeweiligen Thema. Lesen als Handlungsanregung ist Schwerpunkt beim Übungsbereich Rezeptbücher. Am anspruchsvollsten ist das Theaterspiel mit den Stabpuppen. Neben vielen anderen Dingen wird hier vor allem das laute, betonte Lesen geübt, also am Lesevortrag gearbeitet.

Ich hoffe, dass es mir gelungen ist, alle Aufgaben so zu gestalten, dass sie zugleich auch die Lesemotivation fördern.

Ich wünsche allen großen und kleinen Lesern viel Spaß mit diesem Materialangebot.

Alexandra Hanneforth

* Aus Gründen der besseren Lesbarkeit haben wir in diesem Buch durchgehend die männliche Form verwendet. Natürlich sind damit auch immer Frauen und Mädchen gemeint, also Lehrerinnen, Schülerinnen etc.

Tipps und Anmerkungen

Einsatzmöglichkeiten im Unterricht

Um den heterogenen Schülergruppen und dem individuellen Lerntempo gerecht zu werden, sollte das vorliegende Material in offenen Unterrichtsformen eingesetzt werden. Nur wenn nicht alle Schüler zur gleichen Zeit die gleichen Aufgaben erhalten, können sie in ihrem eigenen Tempo lernen.
Das Material kann zum Beispiel in Freiarbeitsphasen, in Wochenplänen oder in Form einer Lerntheke genutzt werden. Um den Überblick zu behalten, erhält jeder Schüler einen Übersichtsplan, auf dem er ankreuzt, welche Übungen er schon bearbeitet hat.
Das Material kann völlig frei genutzt werden, d.h. die Schüler haben zwischen allen Themen die Wahlmöglichkeit. Es besteht aber auch die Möglichkeit, es im Rahmen eines gemeinsamen, ggf. fächerübergreifenden Themas, z.B. Piraten, einzusetzen. Alle Schüler beschäftigen sich in diesem Fall mit demselben Themenschwerpunkt, bearbeiten aber unterschiedliche Aufgaben. Dies bietet sich vor allem im jahrgangsübergreifenden Unterricht an.

Übungsbereich: Lesehefte

Jedes Kind benötigt sein eigenes Leseheft. Gebunden wird das Leseheft durch Heftstreifen oder Heftklammern. Die Aufgabenstellungen sind in jedem Leseheft gleich. Da es sich fast ausschließlich um Wort-Bild-Zuordnungen und Lese-Mal-Aufgaben handelt, kann das Leseheft eingesetzt werden, sobald der Schüler die Lesetechnik sicher beherrscht. Ein von Ihnen ausgefülltes Leseheft ermöglicht den Schülern eine abschließende Selbstkontrolle.

Übungsbereich: Schau genau!

Zu dieser Übung gehört ein Wimmelbild und ein „Schau genau!"-Block. Es reicht, wenn in der Klasse mehrere laminierte Wimmelbilder bereitliegen. Sie können sie auf DIN-A4-Papier kopieren, oder, um es etwas leichter zu machen, auf DIN A3 vergrößern. Der Arbeitsblock sollte für jedes Kind auf DIN A3 vergrößert kopiert werden. Geheftet wird er mit einer Musterklammer am oberen Rand.

Die Wimmelbilder bieten neben der Möglichkeit als Material im offenen Unterricht auch vielfältige gemeinsame Erzählanlässe. Dazu kann das Bild auf Folie kopiert und gemeinsam am Overheadprojektor betrachtet werden.

Die Schüler können nun frei erzählen. Sie oder ein Kind können auch eine Figur aus dem Bild auswählen, die dann nach Hinweisen erraten werden soll. Diese Übung ist im Rätselblock auch enthalten, macht gemeinsam aber viel mehr Spaß.
Für Leseanfänger ist es eine reizvolle Leseaufgabe, wenn Sie kurze Suchaufgaben an die Tafel schreiben (Beispiel zum Märchenbild: Suche einen Pilz.)
Im „Schau genau!"-Block finden die Schüler verschiedene Such- und Zählaufgaben, die sie selbst erlesen müssen. Geeignet ist diese Übung, sobald das Kind kurze Sätze selbstständig lesen kann.

Übungsbereich: Leselotto

Es genügt, jedes Spiel ein- oder zweimal in der Klasse zu haben. Laminiert oder auf Pappe geklebt kann es immer wieder genutzt werden. Das Spiel wird nach folgenden Regeln gespielt: Jeder Spieler erhält eine Bildkarte.

Tipps und Anmerkungen

Die Textkarten werden verdeckt auf den Tisch gelegt. Nun ziehen die Schüler der Reihe nach eine Textkarte und lesen sie. Passt der Text zu einem der eigenen Bilder, darf der jeweilige Spieler die Karte auf das Bild legen.
Passt sie nicht, wird die Karte zurückgelegt. Wer zuerst alle Bilder zudecken kann, hat das Spiel gewonnen.
Das Spiel lässt sich in zwei Varianten spielen. Liest das Kind die gezogene Karte leise, muss es selbst entscheiden, ob der Text zu einem der Bilder passt. Wird der Text dagegen laut gelesen, haben die Mitspieler wie beim Memory® die Möglichkeit, sich den Platz einer zurückgelegten Karte zu merken.

Übungsbereich: Rezeptbücher

Für diese Aufgabe muss zunächst das Blatt mit den Texten zu einem kleinen Rezeptbuch mit Hilfe der Faltanleitung (S. 7) gefaltet werden. Vielleicht können ein paar Eltern oder ältere Schüler beim Falten helfen.
Neben dem Rezeptbuch benötigt jedes Kind eine Kopie der Bildseite, da die Bilder zum entsprechenden Text im Rezept geklebt werden sollen.
Besonders lohnenswert wird die Leseaufgabe natürlich, wenn die Schüler ihre Rezepte zu bestimmten Terminen in der Klasse ausprobieren können.

Übungsbereich: Stabpuppen-Theater

Obwohl das Herstellen eigener Stabpuppen den Schülern sicher viel Spaß macht, genügt es, jeden Stabpuppensatz und jeweils vier laminierte Textblätter in der Klasse zu haben. Beim Ausmalen der Figuren helfen die Schüler bestimmt gerne mit. Zum Basteln werden die Vorlagen ausgeschnitten und mit dem Stab dazwischen auf ein Stück Karton geklebt. Sie können die Vorlagen auch jeweils in zweifacher Ausführung direkt auf festeres Papier kopieren (eine davon spiegelverkehrt) und dann zusammenkleben. Das hat den Vorteil, dass die Stabpuppen beidseitig bespielbar sind (also zum Beispiel auf der Bühne in beide Richtungen „gehen“ können).
Das Theaterstück wird in der Kleingruppe geübt. Es ist interessant zu beobachten, wie die Schüler diese Aufgabe angehen. Es empfiehlt sich aber in jedem Fall, den Text zunächst mehrfach alleine und dann mit verteilten Rollen zu lesen, sodass jeder Spieler recht genau weiß, wann seine Figur spricht. Beim Üben sollten die Schüler vor allem unterschiedliche Betonungen ausprobieren. Wie klingt eine Figur? Besonders ängstlich, erleichtert usw.
Am Ende steht natürlich eine Vorführung vor der Klasse. Schön ist es, wenn für diesen Zweck eine kleine Theaterbühne (ein gespanntes Tuch genügt) im Klassenraum vorhanden ist.

Faltanleitung – Rezeptbuch

1. Schneide das Büchlein entlang der gestrichelten Linie aus. Lege das Blatt mit der bedruckten Seite nach unten quer vor dich hin. Falte das Blatt in der Mitte. Lege dazu die rechte Kante auf die linke.

2. Drehe das Blatt wieder ins Querformat, mit der Öffnung nach unten. Falte es wieder in der Mitte, mit der rechten Kante auf die linke.

3. Falte das Blatt einmal wieder auf, die Öffnung ist immer noch unten.

4. Falte nun die Oberkante auf die Unterkante. Klappe dann das Blatt ganz wieder auf und lege es wieder im Querformat vor dich hin.

5. Falte nun die Oberkante auf die Unterkante. Falte die Felder zu einer Zickzacklinie.

6. Falte das Blatt wieder auf, sodass acht senkrechte Felder zu sehen sind. Die bedruckte Seite ist wieder unten.

7. Falte den linken Seitenrand auf den rechten. Schneide die Falte in der Mitte entlang der gestrichelten Linie ein.

8. Falte das Blatt mit der bedruckten Seite nach unten auf. In der Mitte ist ein waagerechter Schlitz zu sehen.

9. Falte den oberen Seitenrand auf den unteren.

10. Schiebe den linken und den rechten Seitenrand gegeneinander, sodass sich in der Mitte ein Viereck öffnet.

11. Schiebe die Seitenränder weiter zur Mitte, bis die Oberkanten ein Kreuz bilden.

12. Nimm zwei angrenzende Seiten und falte sie so um, dass die anderen innen liegen und das Titelbild obenauf liegt.

Nun kannst du dein Büchlein lesen und gestalten. Viel Spaß!

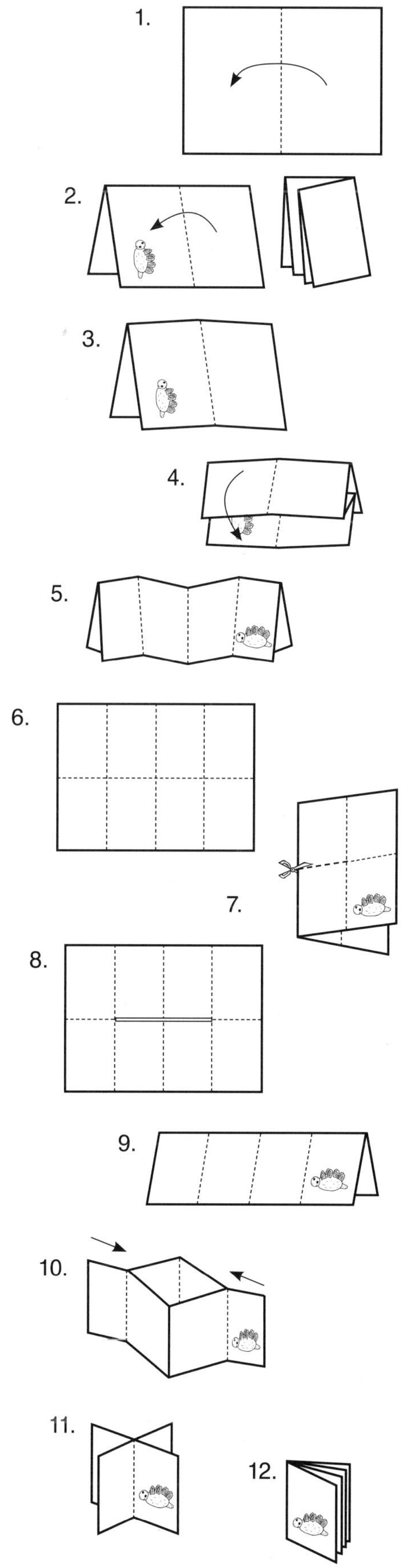

Übersichtsplan von: ____________________

Diese Übungen habe ich schon gemacht: 

Leseheft

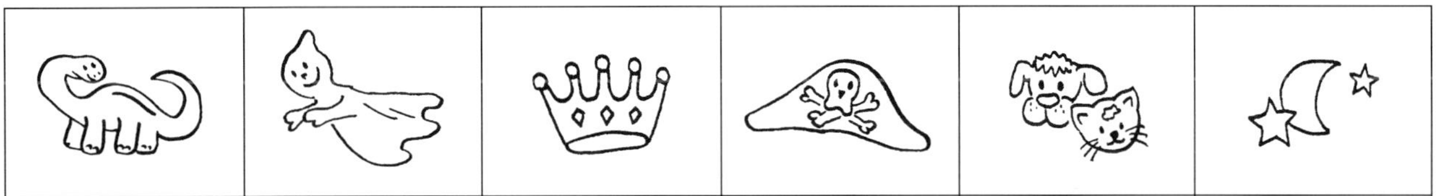

Schau genau!

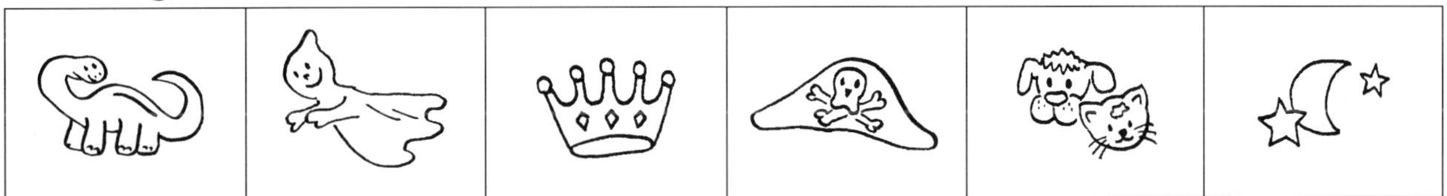

Leselotto

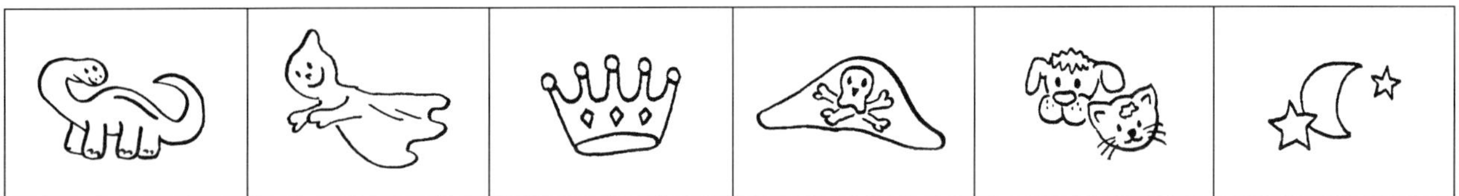

Rezeptbuch

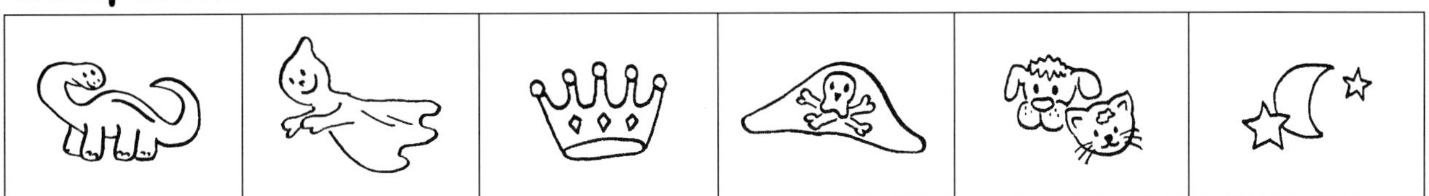

Stabpuppen-Theater

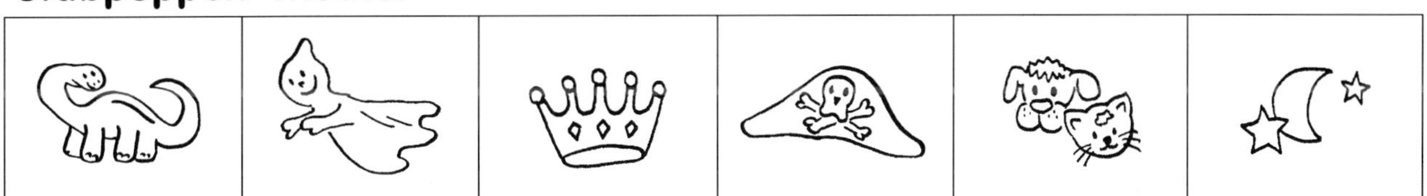

Arbeitskarte – Leseheft

1) Nimm ein Leseheft. 

2) Lies. 

3) Verbinde,  **Palme**

male  oder kreuze an. 

Arbeitskarte – Schau genau!

1) Nimm eine Bildkarte. 

2) Nimm einen Schau-genau!-Block. 

3) Lies. 

Suche  und schreibe. 

© Verlag an der Ruhr | 45422 Mülheim an der Ruhr | www.verlagruhr.de | ISBN 978-3-8346-0426-2

Wir fangen an zu lesen! | 9 | Individualisierte Materialien für den Erstleseunterricht

Arbeitskarte – Leselotto

1) Das Spiel ist für zwei  oder drei  Spieler.

2) Nehmt die Bildkarten.

3) Legt die Karten verdeckt auf den Tisch.

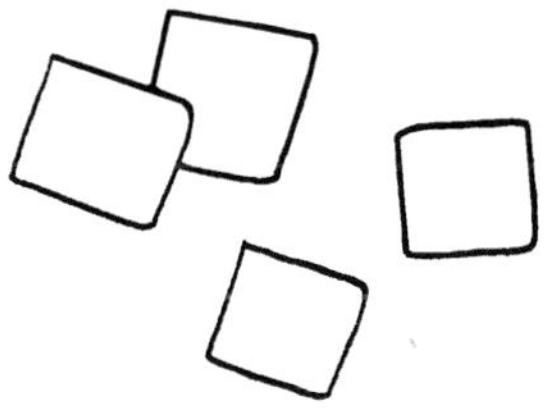

4) Ziehe eine Karte  und lies. 

5) Passt der Text zu einem Bild?

➜ Lege die Karte auf das Bild.

➜ Passt der Text nicht, lege die Karte zurück.

6) Sieger ist, wer alle Karten gefunden hat.

Arbeitskarte – Rezeptbuch

1) Nimm ein Rezeptbuch.

2) Schneide die Bilder aus.

3) Lies, und klebe die Bilder in das Buch.

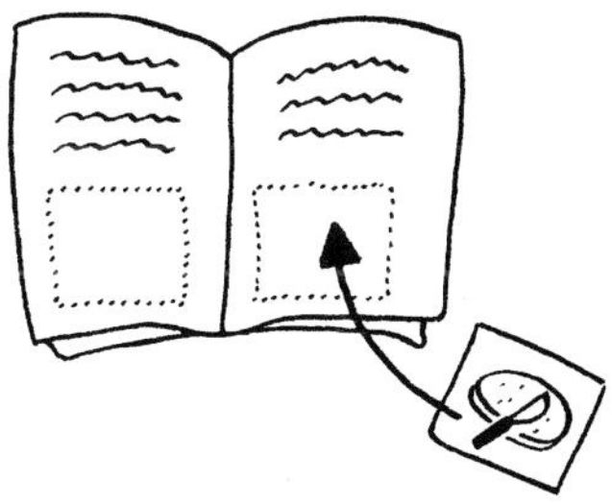

Arbeitskarte – Stabpuppen-Theater

1) Suche dir drei Partner.

2) Nimm dir eine Figur und das Textblatt.

3) Lies den Text mehrmals.

4) Übt euer Theaterstück.

5) Spielt das Stück vor.

© Verlag an der Ruhr | 45422 Mülheim an der Ruhr | www.verlagruhr.de | ISBN 978-3-8346-0426-2

Dino-Leseheft

von: ______________________

Verbinde.

1

Dino

Palme 

 Ei

Blatt

Verbinde.

2

Kopf

Zahn

Arm

Bein

Fuß

Schwanz

Male an.

3

Die  ist grün.

Der  ist braun.

Der  ist rot.

Das  ist grün.

Male.

4

Nest mit Ei	Blatt
Palme	Dinosaurier

Kreuze an.

5

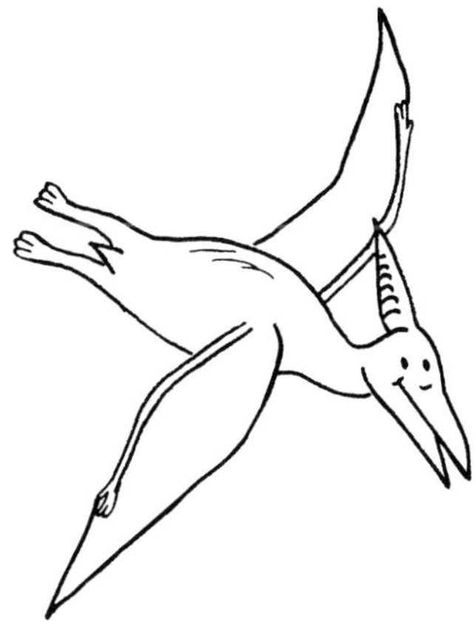

☐ Der  fliegt.

☐ Der  schwimmt.

☐ Der  rennt.

Kreuze an.

6

☐ Dies ist T-Rex.

☐ Dies ist Langhals.

Male an.

7

Der Dino kann …

laufen	malen
stampfen	singen
schlafen	reden
lesen	fressen

© Verlag an der Ruhr | Postfach 10 22 51 | 45422 Mülheim an der Ruhr | www.verlagruhr.de | ISBN 978-3-8346-0426-2

Gespenster-Leseheft

von: ______________________

Verbinde.

1

Mond

Burg

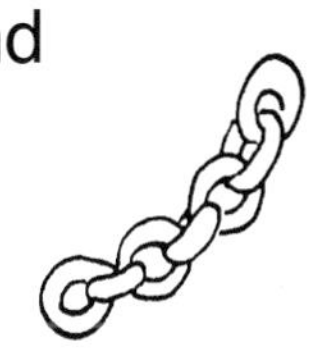

Kette

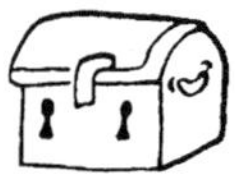

Kerze

Truhe

Verbinde.

2

Arm

Kopf

Augen

Schlüssel

Leuchter

Male.

3

Die  ist braun.

Der  ist gelb.

Ein  ist in der .

Neben der  ist ein .

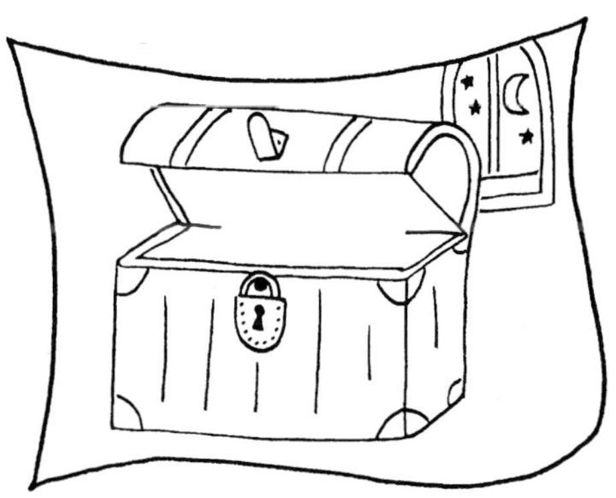

© Verlag an der Ruhr | Postfach 10 22 51 | 45422 Mülheim an der Ruhr | www.verlagruhr.de | ISBN 978-3-8346-0426-2

Male.

4

Truhe	Turm mit Uhr
Schloss	Gespenst

Kreuze an.

5

☐ Das  rennt.

☐ Das  schwimmt.

☐ Das  schwebt.

Kreuze an.

6

☐ Es ist Mittag.

☐ Es ist Nacht.

Male an.

7

Das Gespenst kann …

heulen	schweben
Rad fahren	rasseln
bohren	kichern
lesen	werfen

Märchen-Leseheft

von: ______________________

Verbinde.

1

Hexe

Zwerg

König

Fee

Verbinde.

2

Brunnen

Krone

Prinzessin

Kugel

Frosch

Male.

3

Der  ist grau.

Der  ist schwarz.

Die  ist braun.

Der  ist bunt.

Male.

4

Prinz	Zwerg
Krone	Schloss

Kreuze an.

5

- ☐  trinkt Tee.
- ☐  schüttelt das Kissen.
- ☐  kocht Brei.

Kreuze an.

6

- ☐ Dies ist Schneewittchen.
- ☐ Dies ist Dornröschen.

Male an.

7

Im Märchen gibt es …

Fee	Auto
Prinz	Spielplatz
Fernseher	Drache
Zauberer	Computer

Piraten-Leseheft

von: ____________________

Verbinde.

1

Pistole

Kiste

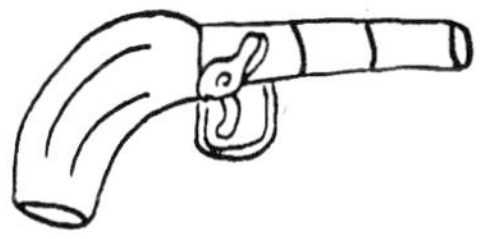

Schiff

Palme

Verbinde.

2

Hut

Säbel

Kopf

Arm

Holzbein

Male.

3

Das  ist schwarz.

In der  ist Gold.

Die  ist rot.

Die  ist braun.

Male.

4

Schatz	Piratenfahne
Insel mit Palme	Papagei

Kreuze an.

5

☐ Der  malt.

☐ Der  schläft.

☐ Der  kämpft.

Kreuze an.

6

☐ Das ist eine Kanone.

☐ Das ist ein Säbel.

Male an.

7

Ein Pirat braucht …

Rutsche	Schiff
Auto	Seife
Schal	Säbel
Kanone	Telefon

Haustier-Leseheft

von: ______________________

Verbinde.

1

Vogel

Kaninchen

Katze

Schildkröte

Verbinde.

2

Auge

Knochen

Schwanz

Nase

Ohr

Male.

3

Die  fängt eine .

Ein  fliegt.

Die  frisst .

Die  ist braun.

© Verlag an der Ruhr | Postfach 10 22 51 | 45422 Mülheim an der Ruhr | www.verlagruhr.de | ISBN 978-3-8346-0426-2

Male. 4

zwei Fische	Katze
Kaninchen mit Möhre	Schlange

Kreuze an. 5

☐ Der  ist über dem .

☐ Der  ist auf dem .

☐ Der  ist unter dem .

Kreuze an. 6

☐ Das ist ein Hase.

☐ Das ist ein Hamster.

Male an. 7

Ein Hund braucht …

Telefon	Liebe
Futter	Schuhe
Stuhl	Auslauf
Buch	Leine

© Verlag an der Ruhr | Postfach 10 22 51 | 45422 Mülheim an der Ruhr | www.verlagruhr.de | ISBN 978-3-8346-0426-2

Weltall-Leseheft

von: ______________________

Verbinde.

1

Stern

Mond

Erde

Rakete

Verbinde.

2

Anzug

Helm

Schuhe

Schlauch

Male.

3

Der  ist orange.

Die  ist grün.

Die  ist blau.

Unter  ist .

Male.

4

Ufo	Marsmensch
Mond und Sterne	die Erde

Kreuze an.

5

- ☐ Das  steht.
- ☐ Das  landet.
- ☐ Das  fliegt.

Kreuze an.

6

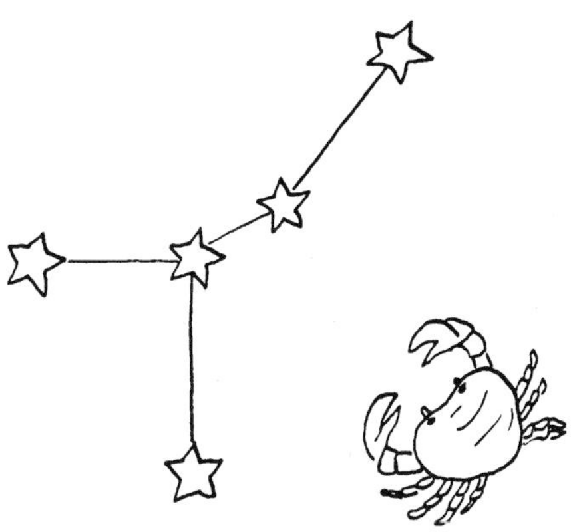

- ☐ Das ist ein Sternbild.
- ☐ Das ist ein Planet.

Male an.

7

Ein Astronaut braucht …

Helm	Topf
Anzug	Seife
Zeitung	Sofa
Puppe	Werkzeug

Schau genau! – Dinosaurier

Schau genau!

von: ______________________

Suche.

Zähle:

➜ alle Wolken

➜ alle Flieger

Wer ist nicht da?

Wie viele  sind im Nest?

Welcher Dino steht im Wasser?

Male den Vulkan ab.

Wer ist es?

Er steht hinter einem .

Es hat spitze .

Er ist ein Räuber.

Es ist nicht der .

Mein Dino …

Schau genau! – Gespenster

Schau genau!

von:

Suche.

Zähle:

→ alle Sterne

→ alle Gespenster

Wer ist nicht da?

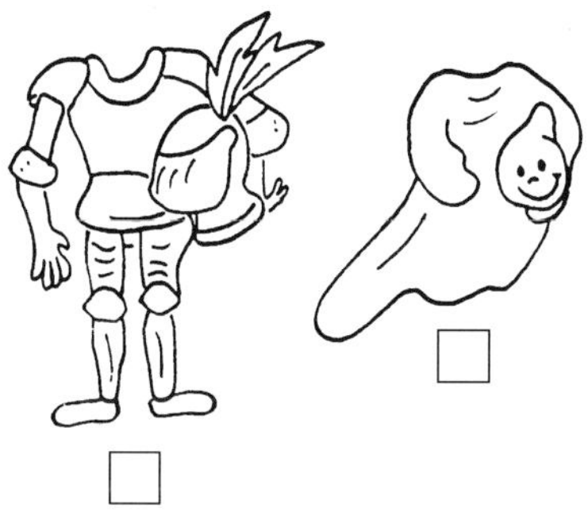

Wie viele  sind am Himmel?

Welches Gespenst sitzt am Sarg?

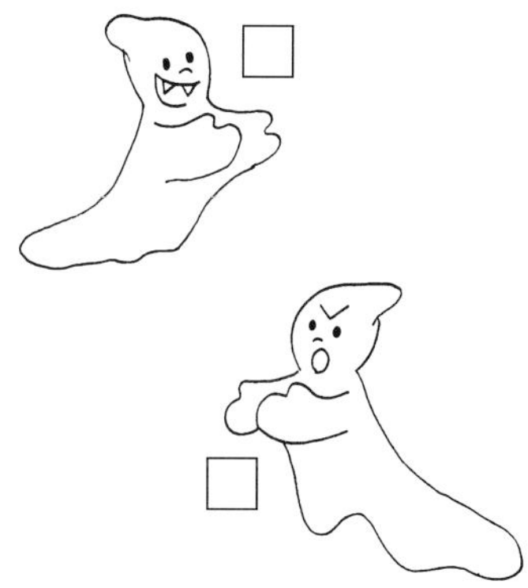

Male den  in der Mitte ab.

Wer ist es?

Es hat spitze .

Es ist nicht am .

Das  schwebt am Himmel.

Mein Gespenst …

 | ISBN 978-3-8346-0426-2

Schau genau! – Märchen

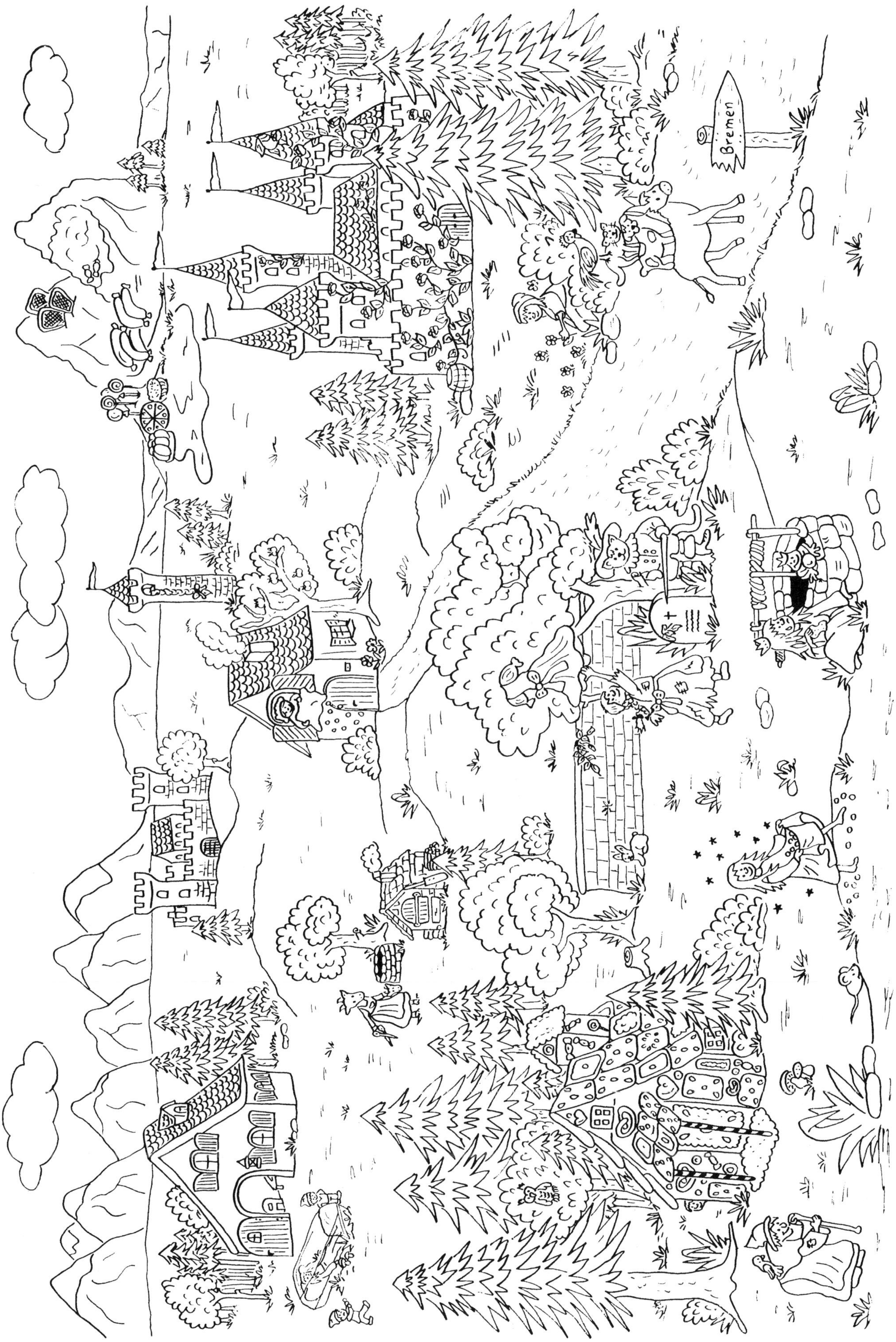

Schau genau!

von: ____________________

Suche.

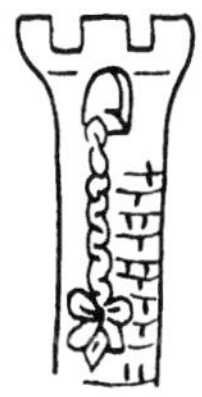

Zähle:

→ alle Tiere

→ alle Brunnen

Wer ist nicht da?

Wie viele 

sind auf dem Bild?

Wer pflückt  ?

Male Sterntaler.

Wer ist es?

Es ist ein Tier.

Es gehört nicht zu den  .

Es sitzt am  .

Meine Figur …

Schau genau! – Piraten

Schau genau!

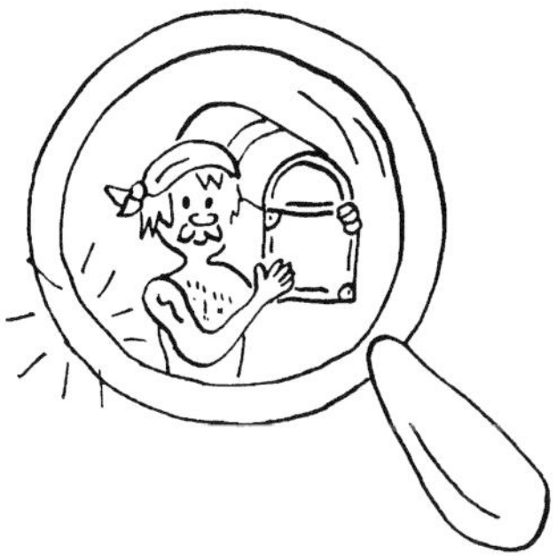

von:

____

Suche.

Zähle:

➜ alle Schiffe

➜ alle Fässer

Wer ist nicht da?

Wie viele  sind auf dem Bild?

Wer trägt einen  ?

Male die Kanone ab.

Wer ist es?

Er ist auf einem Schiff.

Er hat eine .

Er hat keinen . in der Hand.

Er klettert am .

Mein Pirat …

Schau genau! – Haustiere

Schau genau!

von:

____

Suche.

Zähle:

→ alle Pferde

→ alle Hunde

Wer ist nicht da?

Wie viele Mäuse sind da?

Wer hat Kinder?

Male die Hundehütte.

Wer ist es?

Es ist ein Pferd.

Es ist nicht das  .

Es steht am  .

Es frisst Gras.

Mein Tier …

____

____

____

____

____

____

© Verlag an der Ruhr | Postfach 10 22 51 | 45422 Mülheim an der Ruhr | www.verlagruhr.de | ISBN 978-3-8346-0426-2

Schau genau! – Weltall

Schau genau!

von:

____

Suche.

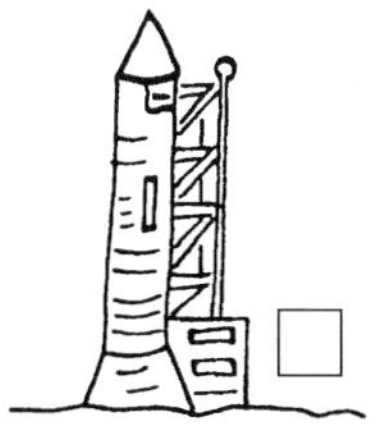

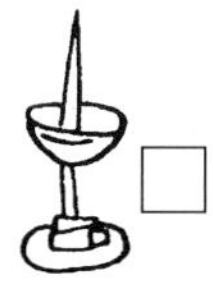

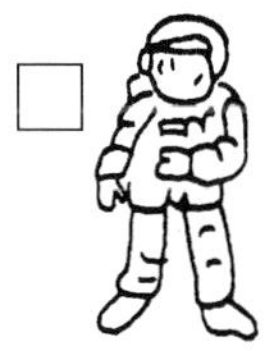

Zähle:

➔ alle Marsmenschen

➔ alle Raumschiffe

Wer ist nicht da?

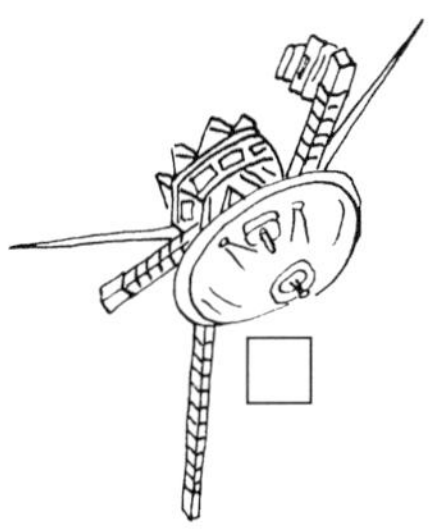

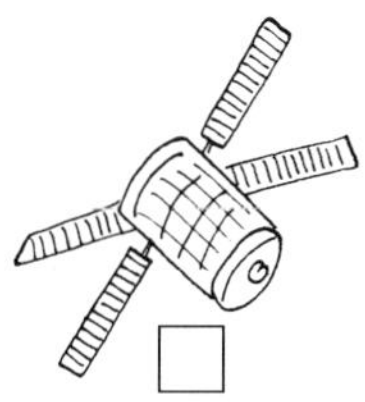

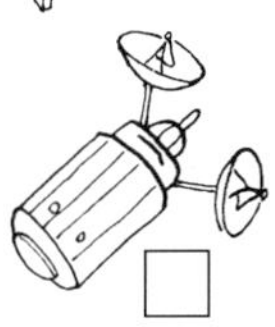

Wie viele Astronauten

sind am 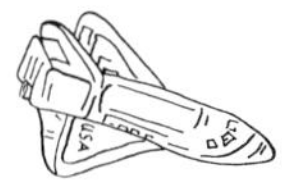 ?

Welche Rakete steht auf dem Boden?

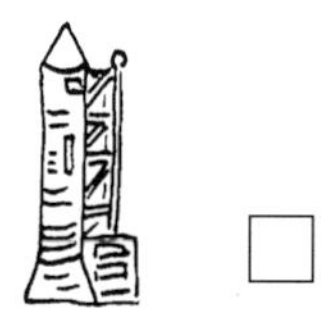

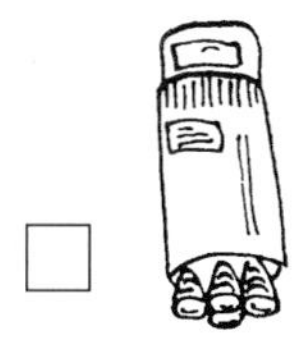

Male einen Planeten ab.

Wer ist es?

Es ist ein Astronaut.

Er ist nicht am .

Er hat etwas in der Hand.

Er hinterlässt .

Mein Astronaut …

____

____

____

____

____

____

Dino-Lottokarten (Bild)

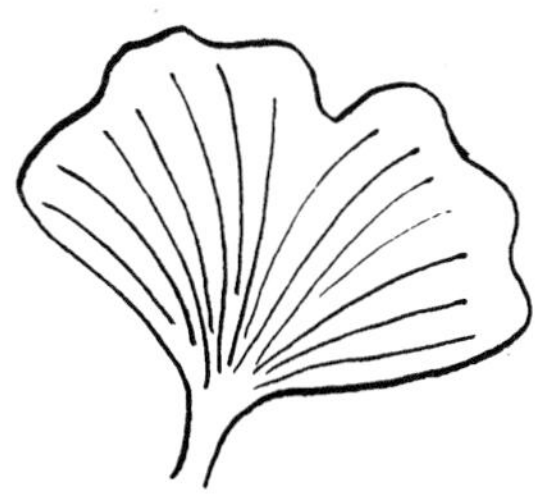

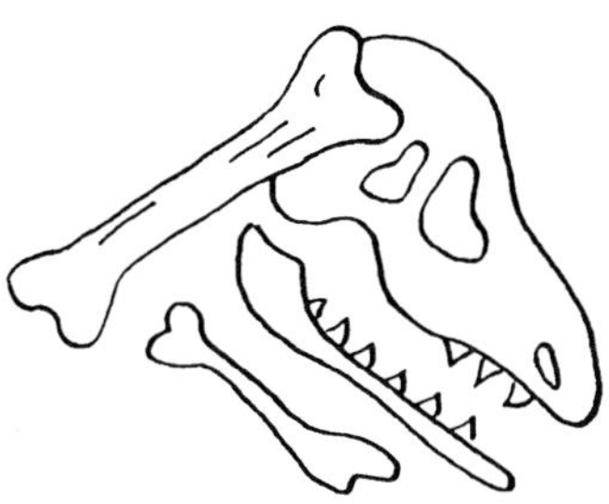

Dino-Lottokarten (Text)

Die Zähne vom T-Rex waren so lang wie eine Banane.	Dinos legten Eier.	Der Stego hatte große Platten auf dem Rücken.
Der Ankylo hatte eine Keule am Schwanz.	In der Dinozeit gab es große Farnpalmen.	Manchmal findet man noch Dinospuren.
Dieses Tier ist halb Dino, halb Vogel.	In der Dinozeit sah die Erde anders aus.	Der T-Rex war ein gefährlicher Räuber.
Es gab Flieger, so groß wie ein Flugzeug.	Dies ist ein Ginkgoblatt.	Trice hatte drei Hörner am Kopf.
Manchmal findet man noch Dinoknochen.	Der Allosaurus war so lang wie ein Bus.	Die größten Dinos waren Langhälse.
Auch im Meer gab es riesige Saurier.	Ein Ammonit sieht aus wie eine Schnecke.	In der Dinozeit gab es viele Vulkane.

Gespenster-Lottokarten (Bild)

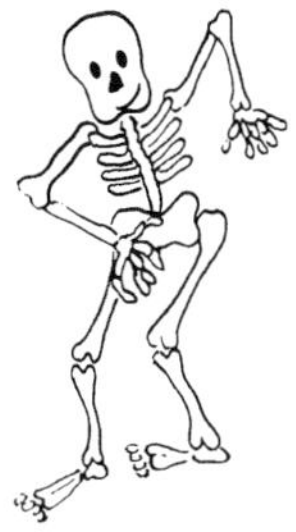

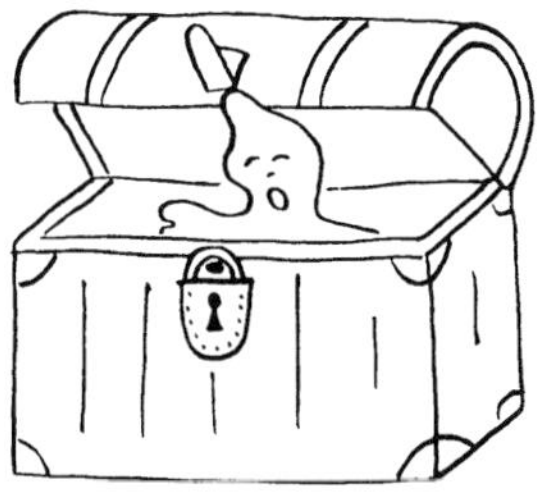

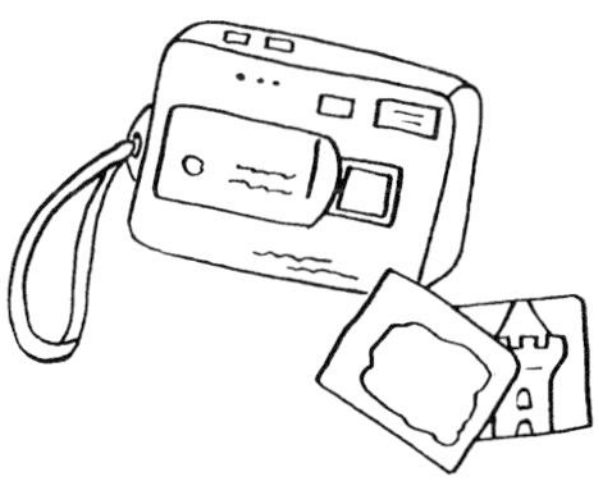

Gespenster-Lottokarten (Text)

Gespenster können einfach durch die Wand gehen.	Ein anderes Wort für Gespenst ist Geist.	Gespenster spuken bei Mondschein.
Dieses Gespenst ist ein Skelett.	Es gibt viele Gespenster-Bücher.	Dieses Gespenst ist ein Ritter ohne Kopf.
In vielen Burgen gibt es Geschichten über ein Gespenst.	Mitternacht nennt man auch Geisterstunde.	Gespenster schlafen oft in einer Truhe.
Gespenster rasseln oft mit Ketten.	Sonnenlicht macht ein Gespenst schwarz.	Gespenster kann man nicht fotografieren.
Es gibt auch Geschichten über Geisterschiffe.	Über „Hui Buh“ gibt es viele Kassetten und CDs.	Gespenster spuken auf dem Friedhof.
Manche Leute haben Angst vor Gespenstern.	Zu Halloween verkleiden sich einige auch als Gespenst.	Gespenster klimpern mit Schlüsseln.

Märchen-Lottokarten (Bild)

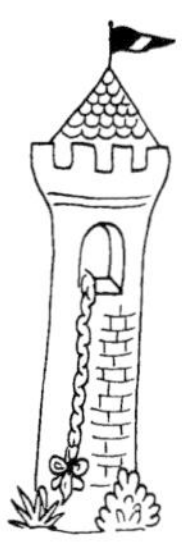

Märchen-Lottokarten (Text)

Viele Märchen beginnen mit „Es war einmal …“	Dies ist ein Backhaus.	Spieglein, Spieglein an der Wand, wer ist die Schönste im ganzen Land?
Der böse Wolf frisst 6 von den 7 Geißlein.	Im Märchen gibt es böse Hexen.	Dornröschen sticht sich an einer Spindel.
Schneewittchen liegt in einem Sarg aus Glas.	Für Sterntaler fallen die Sterne vom Himmel.	Viele Märchen hören auf mit: „Und wenn sie nicht gestorben sind, …“
Rapunzel ist in einen hohen Turm eingesperrt.	Frau Holle lässt es schneien.	Im Märchen gibt es Prinzen und Prinzessinnen.
Der Froschkönig holt die goldene Kugel aus dem Brunnen.	Schneewittchen wohnt bei den 7 Zwergen.	Aschenputtel verliert einen Schuh.
Rotkäppchen bringt der Großmutter Wein und Kuchen.	Trotz vieler Matratzen spürt die Prinzessin die Erbse.	Der gestiefelte Kater ist schlauer als der Zauberer.

Piraten-Lottokarten (Bild)

© Verlag an der Ruhr | Postfach 10 22 51 | 45422 Mülheim an der Ruhr | **www.verlagruhr.de** | ISBN 978-3-8346-0426-2

Piraten-Lottokarten (Text)

Piraten tranken gerne Rum.	Peter Pan ist eine bekannte Piratengeschichte.	Piraten hatten schnelle Schiffe.
Schatzkarten gab es gar nicht so oft, wie man glaubt.	Der Pirat bringt seine Beute an Land.	Es gab auch Piratinnen.
Piraten nahmen auch Gefangene.	Manche Piraten hatten ein Holzbein.	Die Fahne sollte Angst einjagen.
Blackbeard hatte einen schwarzen Bart und steckte sich brennende Lunten an den Hut.	Piraten werden oft mit einer Augenklappe gemalt.	Es gibt viele Piratenfilme.
Den Korb am Schiffsmast nennt man „Krähennest“.	Piraten fingen Schildkröten, um sie zu essen.	Einige Piraten überfielen Schiffe für ihren König.
Große Kanonen wurden von mehreren Piraten bedient.	Piraten benutzten Entermesser und Pistolen.	Piraten wurden oft mit dem Tod bestraft.

Haustier-Lottokarten (Bild)

Haustier-Lottokarten (Text)

Alle Hunderassen stammen vom Wolf ab.	Manche Leute haben eine Schlange als Haustier.	Meerschweinchen stammen aus Südamerika.
Manche Papageien können Wörter nachahmen.	Kaninchen mit Hängeohren heißen Zwergwidder.	Fische schwimmen im Aquarium.

Katzen können auch im Dunkeln gut sehen.	Kaninchen fressen gerne Möhren.	Viele Menschen haben Angst vor Mäusen.
Schildkröten haben einen festen Panzer.	Hunde brauchen viel Auslauf.	Hamster suchen sich in ihrem Käfig eine Klo-Ecke.

Hamster werden meist erst abends munter.	Dies ist ein Wellensittich.	Katzen bekommen meist mehrere Junge.
Den Schwanz von einem Hund nennt man auch Rute.	Kaninchen putzen sich häufig am Tag.	Wer einen Vogel hat, sollte ihn auch mal fliegen lassen.

Weltall-Lottokarten (Bild)

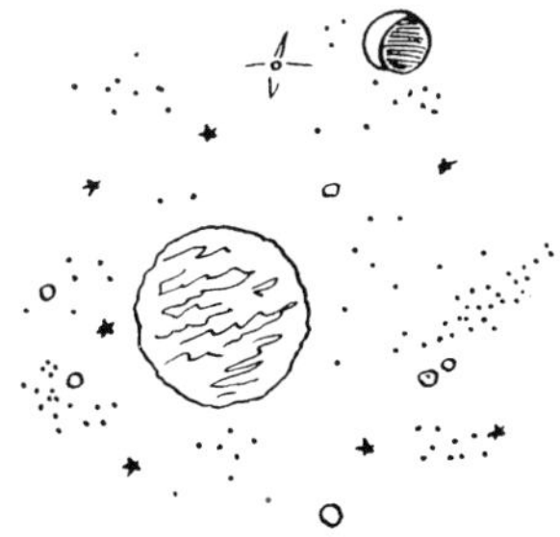

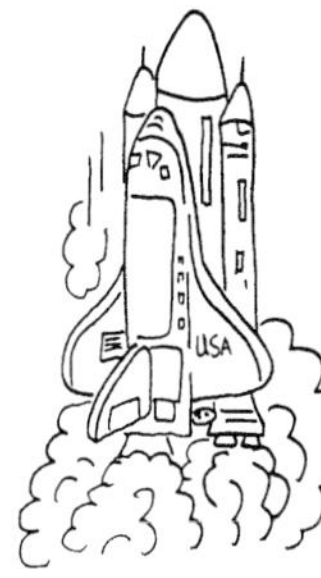

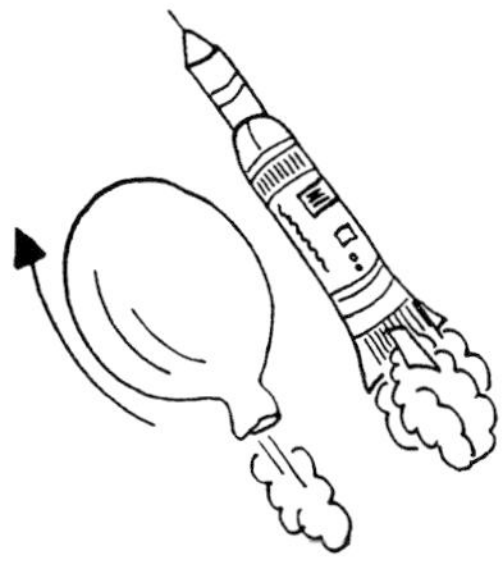

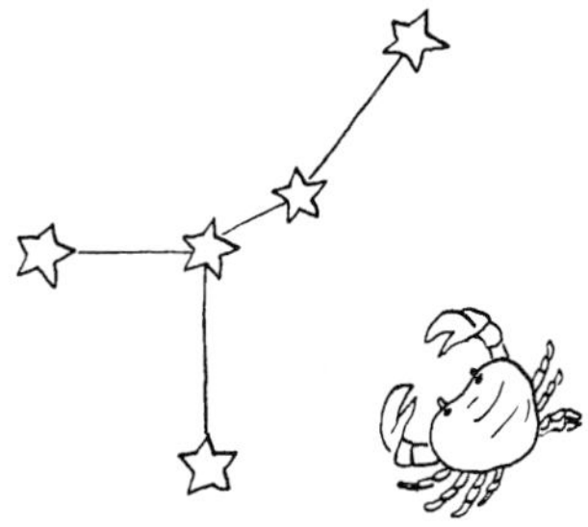

Weltall-Lottokarten (Text)

Auf dem Mond kann man 6-mal höher springen als auf der Erde.	Es gibt Milliarden von Sternen, Planeten und Monden.	Dies ist ein Mondauto.
Auch die Sonne ist ein Stern.	Raumfähren können wie Flugzeuge landen.	Pippi machen auf dem Weltraumklo müssen Astronauten üben.

Auch unsere Erde ist ein Planet.	Klettverschlüsse wurden zuerst für die Raumfahrt erfunden.	Raumfähren starten mit Raketen, die später abfallen.
Unter dem Raumanzug tragen Astronauten eine besondere Unterwäsche.	Marsmännchen gibt es nur in Büchern und Filmen.	Der Mond ist unser nächster Nachbar.

Dies ist ein Wettersatellit.	Raketen funktionieren wie ein Luftballon, aus dem die Luft herauszischt.	Der Anzug schützt den Astronauten vor Kälte und Hitze.
Raumfahrer schlafen in Schlafsäcken, die angebunden sind.	Einige Sternbilder haben Tiernamen.	Den Planeten Saturn erkennt man an seinen Ringen.

Marzipan-Dino

Schneide aus.
Klebe in dein Rezeptbuch.

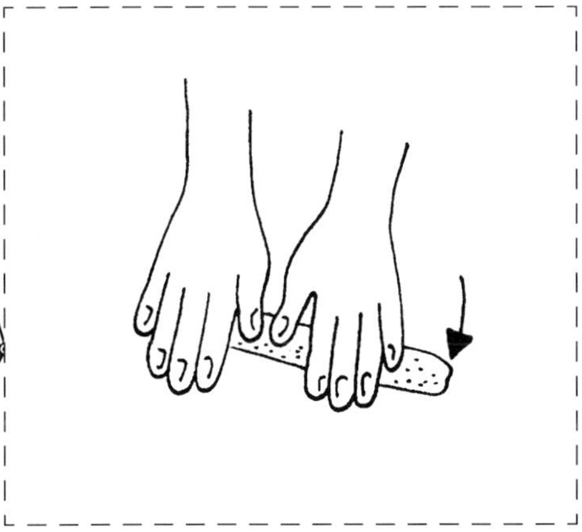

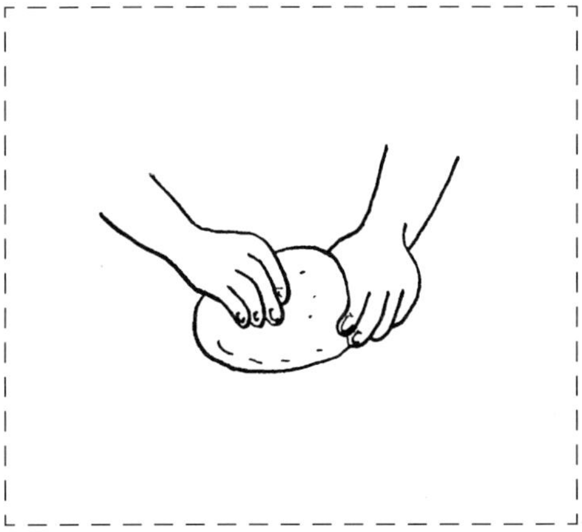

© Verlag an der Ruhr | Postfach 10 22 51 | 45422 Mülheim an der Ruhr | **www.verlagruhr.de** | ISBN 978-3-8346-0426-2

Marzipan-Dino

Dieses Buch gehört zur Rezeptsammlung von:

____

Zutaten

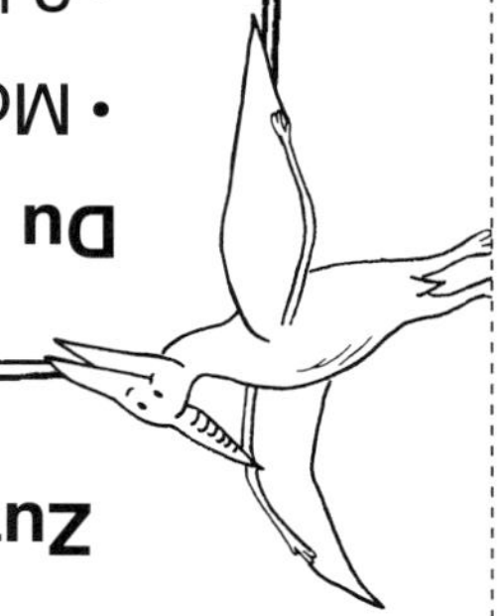

Du brauchst:

- Marzipan
- 2 kleine Schokolinsen
- Mandeln

Knete das Marzipan kurz durch.

Forme ein Ei für den Körper.

Forme eine Kugel als Kopf.

Rolle eine Wurst für den Schwanz.

Befestige den Kopf und den Schwanz am Körper.

Die Schokolinsen sind die Augen. Stecke Mandeln als Stacheln in den .

Gespenster-Speise

Schneide aus.
Klebe in dein Rezeptbuch.

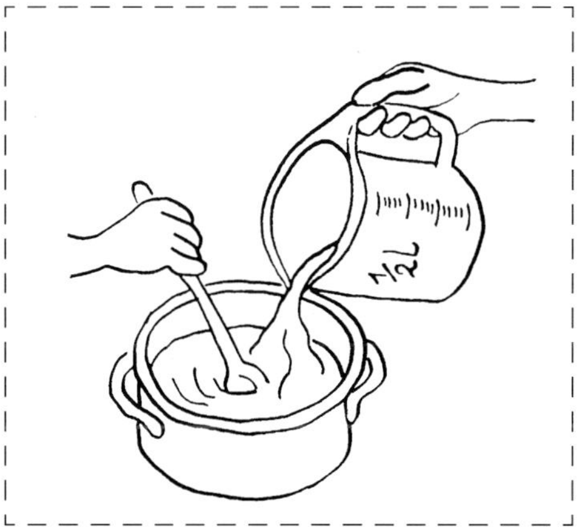

© Verlag an der Ruhr | Postfach 10 22 51 45422 Mülheim an der Ruhr | **www.verlagruhr.de** | ISBN 978-3-8346-0426-2

Gespenster-Speise

Dieses Buch gehört zur Rezeptsammlung von:

Zutaten

Du brauchst:

- weiße Schokoküsse
- Zuckerschrift
- 1 Beutel Götterspeise
- 8 Esslöffel Zucker
- 1/2 Liter Wasser

Mische den Beutel Götterspeise mit 8 Löffeln Zucker.

Schütte Wasser dazu und rühre um.

Stelle den Topf auf den Herd. **Achtung:** Die Speise darf nicht kochen!

Schütte die Flüssigkeit in eine Schüssel und lasse sie über Nacht kalt werden.

Male mit 

Gesichter auf die .

Setze die Gespenster auf die Götterspeise.

Knusperhaus

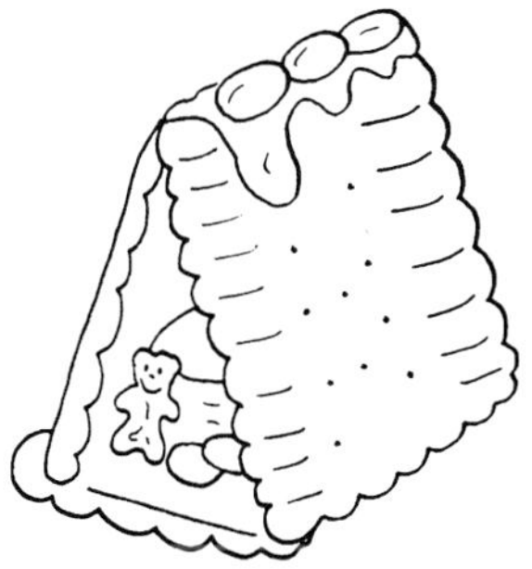

Schneide aus.
Klebe in dein Rezeptbuch.

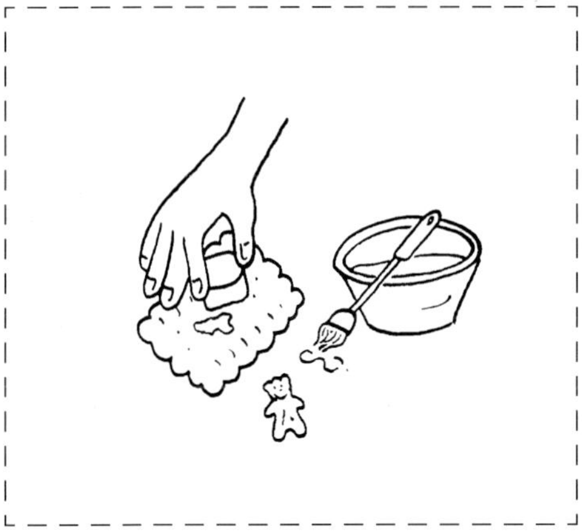

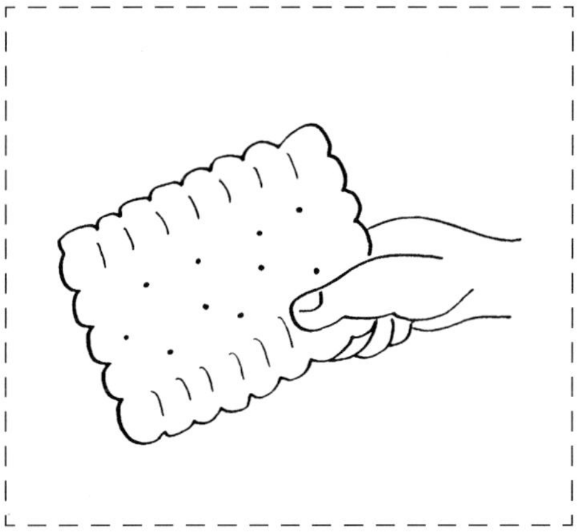

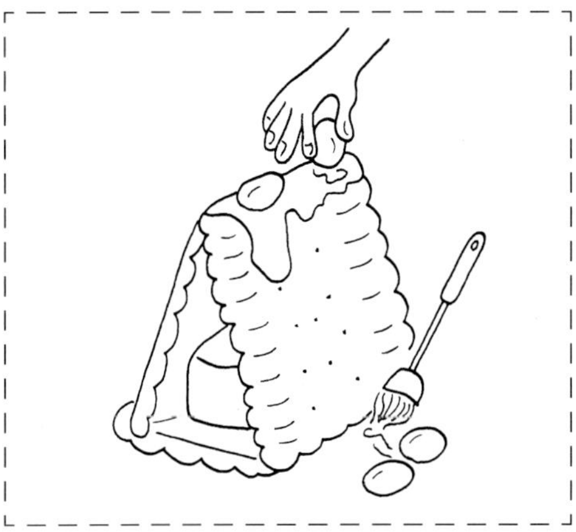

Knusperhaus

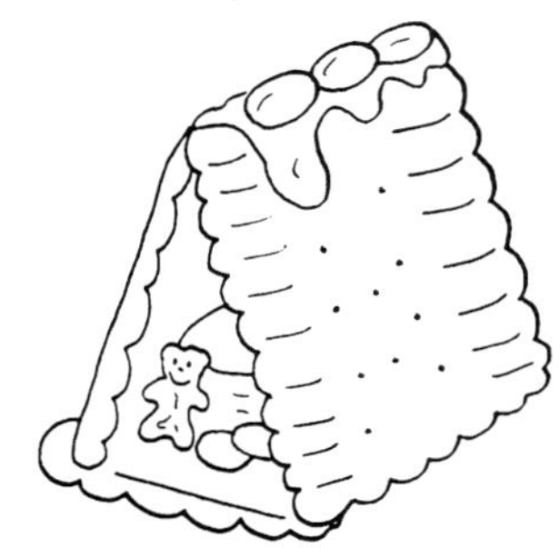

Dieses Buch gehört zur Rezeptsammlung von:

____

Zutaten

Du brauchst:

- Gummibärchen
- Puderzucker
- 3 Kekse
- Wasser
- Dominosteine
- Schokolinsen

Schütte den Puderzucker in eine Schüssel.

Gib ein paar Tropfen Wasser dazu und rühre.
Achtung: Der Zuckerguss darf nicht zu flüssig werden.

Nimm einen Keks als Bodenplatte.

Klebe den Dominostein und das Gummibärchen mit Zuckerguss auf.

Stelle die anderen Kekse zu einem Dach auf und klebe sie mit viel Zuckerguss fest.

Schmücke das Haus mit Schokolinsen und bunten Zuckerkugeln.

Piraten-Floß

Schneide aus.
Klebe in dein Rezeptbuch.

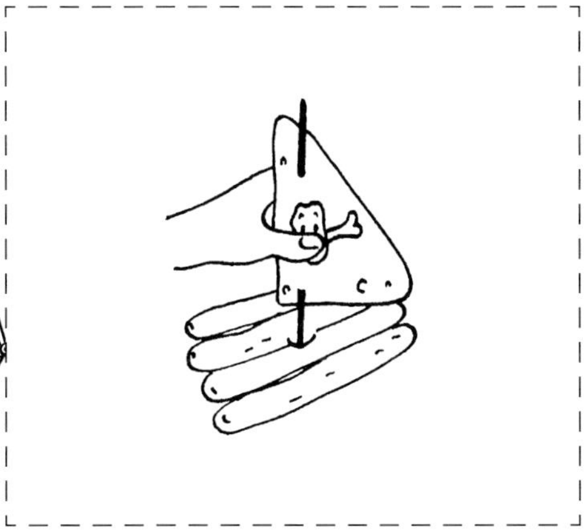

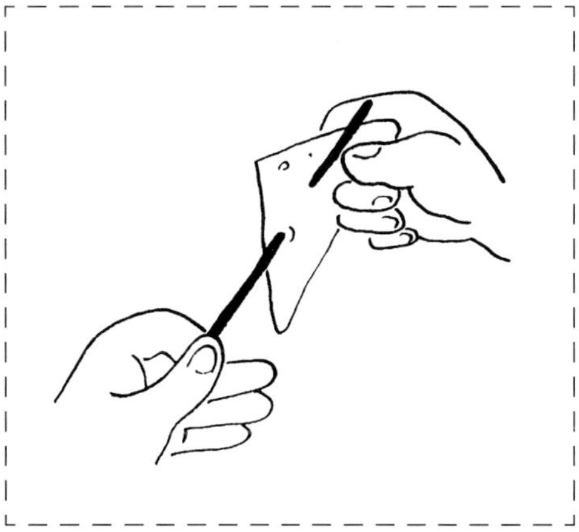

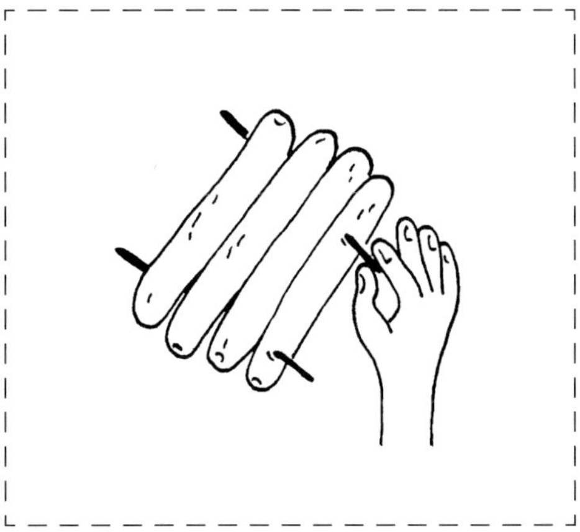

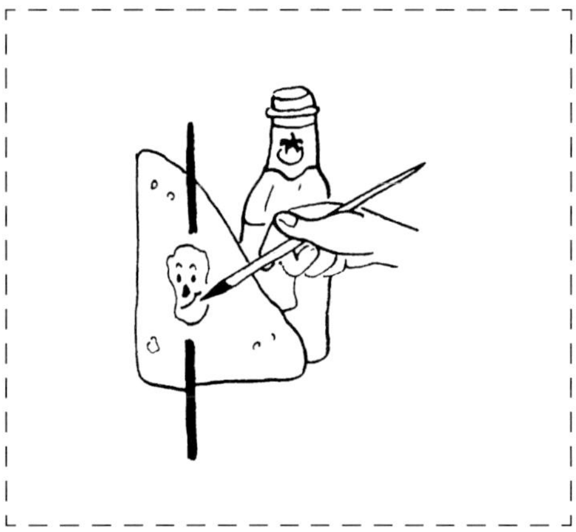

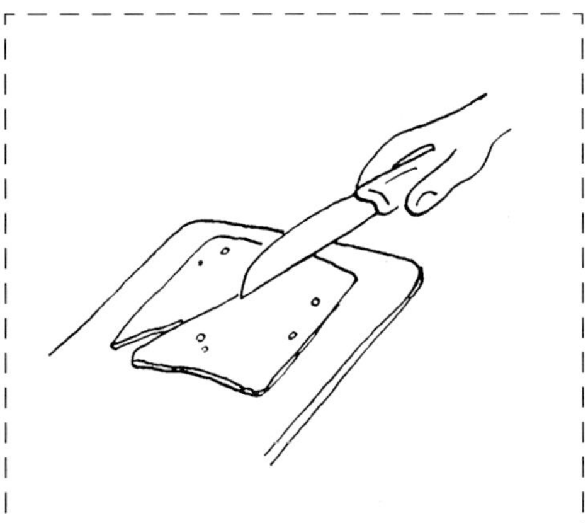

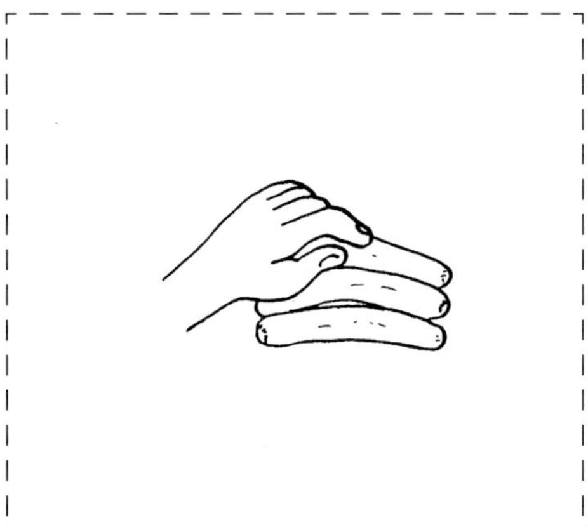

© Verlag an der Ruhr | Postfach 10 22 51 | 45422 Mülheim an der Ruhr | www.verlagruhr.de | ISBN 978-3-8346-0426-2

Piraten-Floß

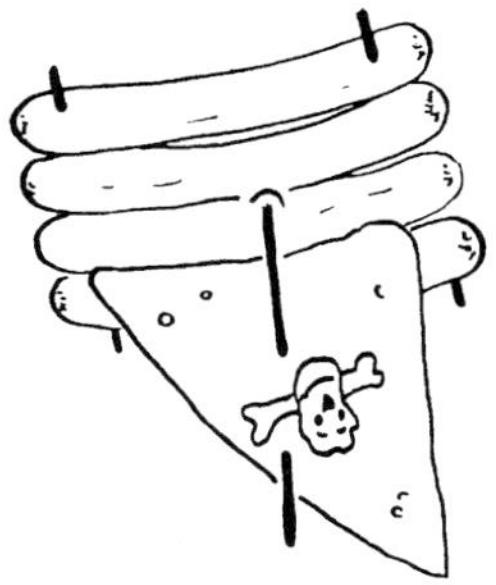

Dieses Buch gehört zur Rezeptsammlung von:

Zutaten

Du brauchst:

- 4 kleine Würstchen
- 1 Scheibe Käse
- 3 Holzspieße
- Ketschup

Lege die Würstchen dicht nebeneinander.

Stecke sie mit 2 Holzspießen zusammen.

Schneide aus einer Scheibe Käse ein Dreieck.

Stecke den Käse auf einen Holzspieß.

Male mit Ketschup einen Knochen oder einen Totenkopf auf den Käse.

Stecke das Segel in die Mitte der Würstchen.

Goldfisch-Käsebrot

Schneide aus.
Klebe in dein Rezeptbuch.

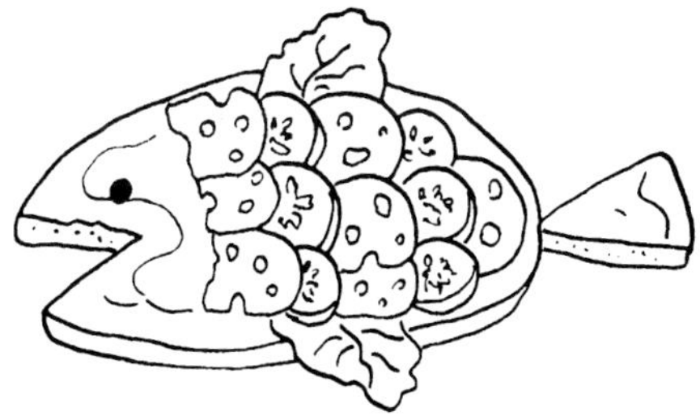

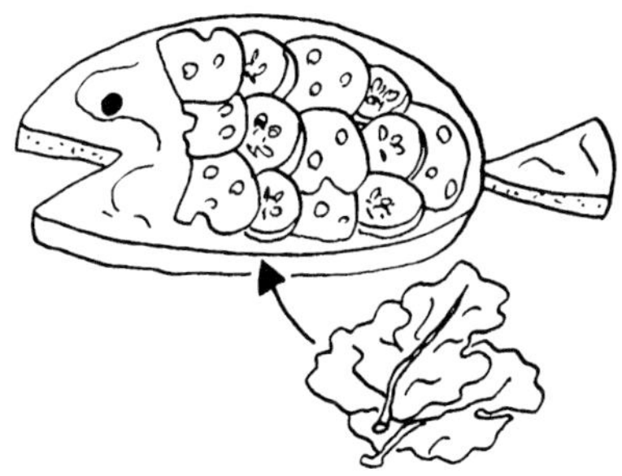

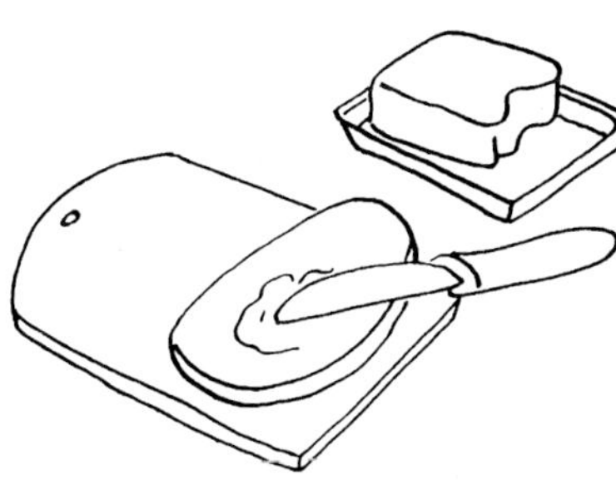

 ISBN 978-3-8346-0426-2

Goldfisch-Käsebrot

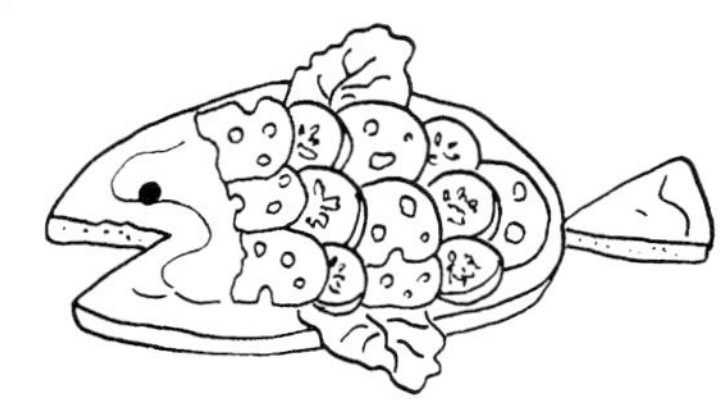

Dieses Buch gehört zur Rezeptsammlung von:

Zutaten

Du brauchst:

- 1 Scheibe Brot
- 1 Pfefferkorn
- Salatblatt
- Tomate
- Butter
- Käse

Schneide die Tomate in Scheiben.

Bestreiche das Brot mit Butter.

Nimm ein kleines Stück Salatblatt als Flosse.

Lege die Tomaten und den Käse so auf das Brot, dass es aussieht wie Schuppen des Fisches.

Schneide vorne eine kleine Ecke aus dem Brot und lege sie hinten an.

Drücke das Pfefferkorn als Auge in das Brot.

Mond- und Sternkekse

Schneide aus.
Klebe in dein Rezeptbuch.

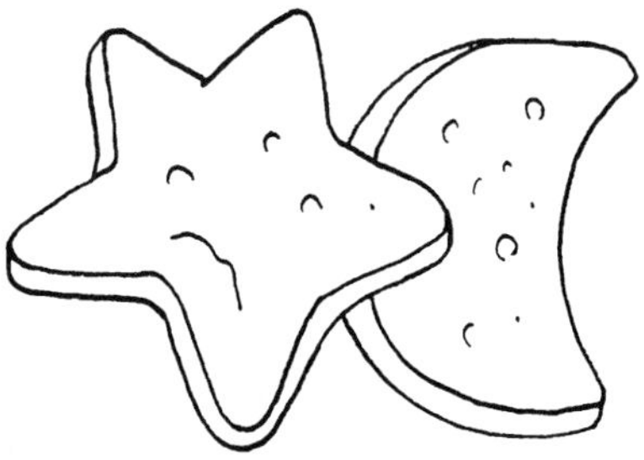

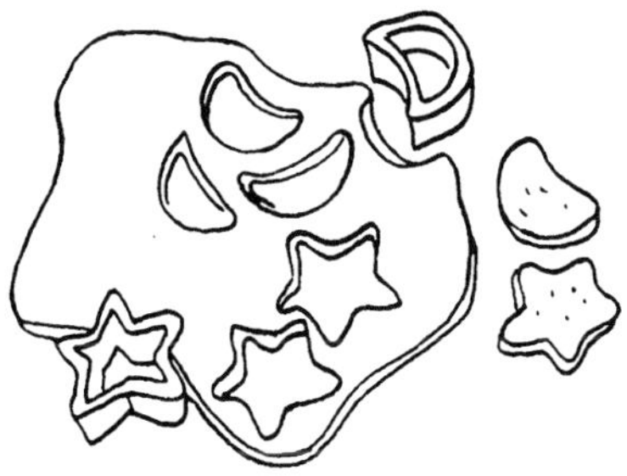

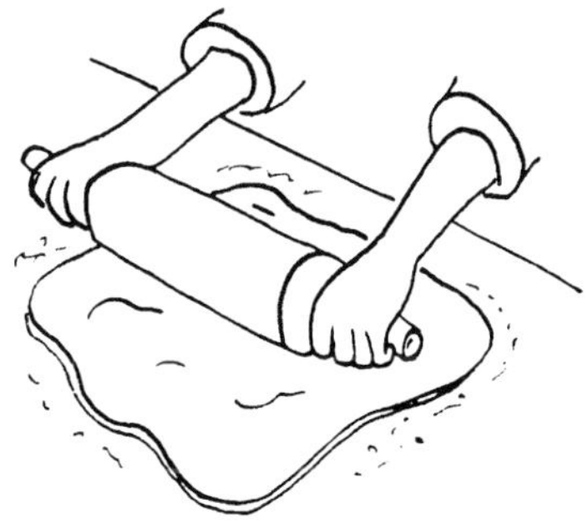

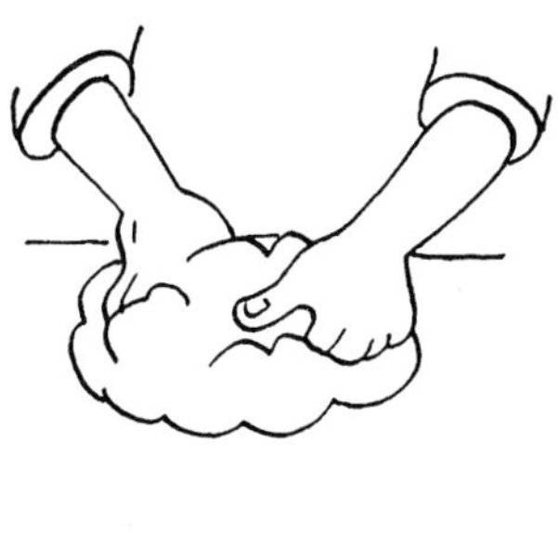

© Verlag an der Ruhr | Postfach 10 22 51 | 45422 Mülheim an der Ruhr | **www.verlagruhr.de** | ISBN 978-3-8346-0426-2

Mond- und Sternkekse

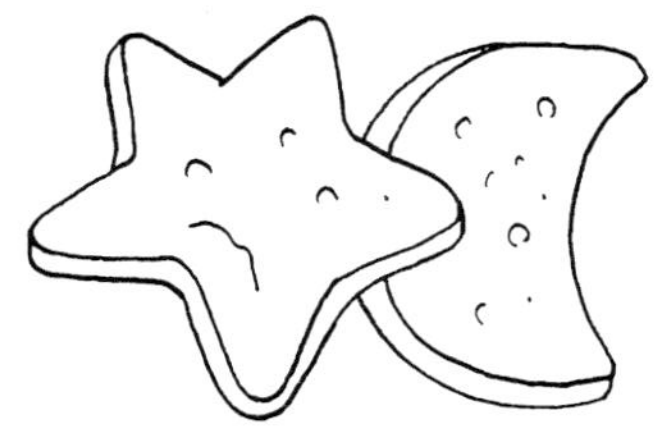

Dieses Buch gehört zur Rezeptsammlung von:

Zutaten

Du brauchst:

- 125 g Margarine
- 125 g Zucker
- 1 Päckchen Vanillezucker
- 1 Ei
- 250 g Mehl

Gib die Zutaten in eine Schüssel.

Knete alles zu einer festen Teigkugel.

Lege die Teigkugel eine Stunde in den Kühlschrank.

Bestreue die Arbeitsplatte mit Mehl und rolle den Teig aus.

Stich mit Förmchen Monde und Sterne aus.

Backe die Kekse 8 Minuten auf der mittleren Schiene bei 190°C.

Dino-Stabpuppen

Langhals

Flieger

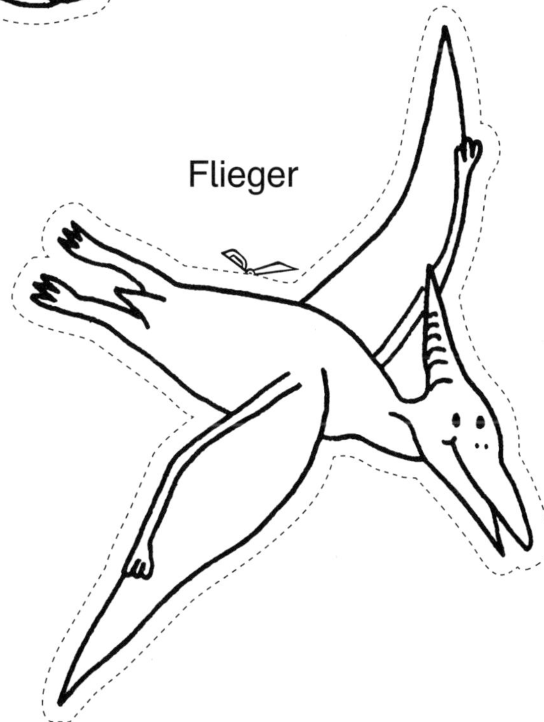

Trice

Stego

Dino-Theater

Lino? Wooo bist duuu?
– Liiinooo? Liiiiinooooo?

Was schreist du hier so rum? Ich will schlafen!

Lino, mein Kind ist weg. Liiinooo?

Ich hab kein Dino-Kind gesehen. Aber da steht Stego. Frag ihn doch ’mal.

Das mache ich. Danke!

Hallo, Langhals.

Hallo, Stego. Lino ist weg!

Hoffentlich hat ihn nicht der T-Rex geschnappt!

Sag doch so etwas nicht!

Komm, wir suchen ihn.

Schau, da ist ein Flieger.

Komm, wir fragen, ob er Lino gesehen hat?

Hallo, warum winkt ihr?

Lino ist weg.

Kein Problem. Ich flieg mal los und suche ihn.

Mein armer Lino!

Hab keine Angst, da kommt Flieger schon zurück.

Ich hab ihn gefunden! Lino sitzt am Nest und futtert Farn.

Danke für deine Hilfe, Flieger.

Lass uns schnell zum Nest gehen.

Gespenster-Stabpuppen

Fledermaus

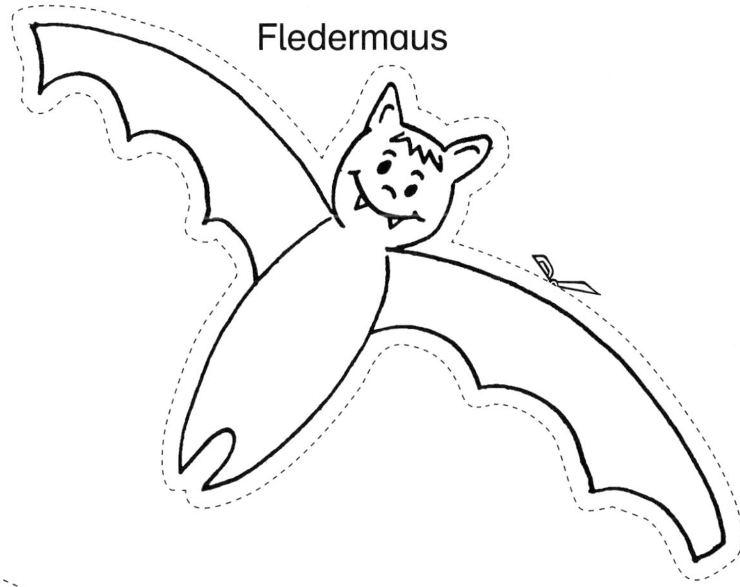

Kind

Bruder

Mutter

Gespenster-Theater

Aufwachen, kleines Gespenst.
Es ist Geisterstunde.

Ahh, bin ich noch müde!

Heute darfst du zum ersten Mal alleine spuken!

Ehrlich? Da flieg' ich gleich los!

Halt, kleines Gespenst.
Hier ist noch eine Kette zum Rasseln.

Danke, Mama. Bis baaald!

Wo willst du denn hin?

Ich darf heute alleine spuken.

Du, Babygespenst?
Hast du denn keine Angst?

Sei nicht doof! Ein echtes Gespenst fürchtet sich nicht.

Na dann flieg 'mal los.

Pahh, ich habe keine Angst!
Wo soll ich denn zuerst hinschweben? Am besten auf den Dachboden.

Huiih! Huiih!

Was war das?

Huiih! Weer biist duu?

Ahh, Hilfe, da oben spukt es!

Hahaha, das ist doch nur die Fledermaus.
Komm, lass uns zusammen spuken!

Märchen-Stabpuppen

Großmutter

Jäger

Wolf

Rotkäppchen

Märchen-Theater

Wo gehst du denn hin, Rotkäppchen?

Ich gehe zur Großmutter. Ich bringe ihr Kuchen. Sie ist krank und kann nicht aufstehen.

Wo wohnt sie denn?

Dort hinten, in dem kleinen Haus.

Bring ihr doch noch ein paar Blumen mit.

Ja, das mache ich!

Die Großmutter werde ich fressen. Da ist ja schon das Haus. *(Klopft an!)*

Wer ist da?

Ich bin's, das Rotkäppchen.

Komm doch herein.

Ahhh, mjam, mjam, schmatz.

(klopft) Großmutter, ich bringe dir Kuchen. Aber warum hast du so große Ohren?

Damit ich dich besser hören kann.

Großmutter, warum hast du so große Augen?

Damit ich dich besser sehen kann.

Großmutter, warum hast du so einen großen Mund?

Damit ich dich besser fressen kann! Mjam, mjam, schmatz!

Da liegt ja der Wolf im Bett der Großmutter. Er hat sie bestimmt gefressen. Schnell den Bauch aufschlitzen. Nanu, da ist ja das Rotkäppchen.

Danke, lieber Jäger. Komm, hilf schnell noch der Großmutter.

Piraten-Stabpuppen

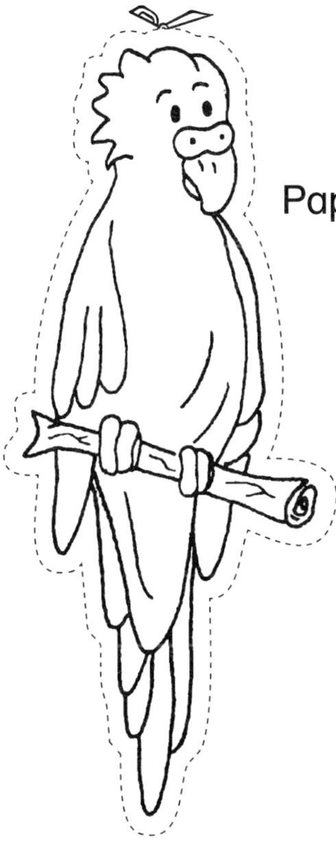

Papagei

Narbengesicht

Käpt'n

Einauge

Piraten-Theater

Land in Sicht!

Ahh, endlich.
Die Schildkröteninsel.

Die Schildkröteninsel?
Lass uns schnell weitersegeln.

Papperlapapp.

Auf der Insel soll es spuken!

Ja, eine unheimliche Stimme ist dort zu hören.

Eine Stimme ohne Körper.

So ein Quatsch!
In der Höhle ist ein Schatz, holt ihn jetzt!

Da rudere ich nicht hin.

Da wird uns der Geist holen.

Schluss jetzt! Ich bin der Käpt'n und ich befehle euch zu gehen. Los!

Da sind wir!

Mir schlottern die Knie.

Sei leise, sonst kommt der Geist.

Und 'ne Buddel Rum!

Hast du das gehört?

Laauuuf, das ist der Geist!

Geist. Und 'ne Buddel Rum!

Hiiilfeee!

Hiiilfeee!

Warte mal. Ich glaube …

… der Geist ist nur ein Papagei!

Haustier-Stabpuppen

Hund

Katze

Hase

Schildkröte

Haustier-Theater

Nanu, was tuscheln
die drei denn da?
Ich schleich mich mal an!

Achtung, Mimi kommt!

Mmhh, heute ist wirklich
schönes Wetter!

Ja, wirklich schönes Wetter!

Außerordentlich schönes
Wetter!
Ach, hallo Mimi, lass uns
mal einen Moment allein.

Da stimmt doch was nicht!
Draußen regnet es!

Ist dann alles klar?

Das Schälchen ist voll
Milch.

Die anderen wissen
Bescheid.
Und – ihr wisst schon
was – ist fertig.

Gut, dann lasst sie uns
rufen.

Jetzt schauen die mich alle
so merkwürdig an!
Hab' ich etwas falsch
gemacht?

Mimi, komm mal her!

Oje, hoffentlich gibt es
keinen Ärger.

Ah, Mimi, da bist du ja.

Ähh, jaa …

Zwo, drei …

Zum Geburtstag viel Glück,
zum Geburtstag viel Glück,
zum Geburtstag, liebe Mimi,
zum Geburtstag viel Glück.

Hier Mimi, ein Geschenk
für dich.

Ach ja, ich hab' ja
Geburtstag.
Ihr seid aber liebe Freunde!
Danke!

Astrina 2

Astronaut 1

Astronaut 2

Astro 4

Weltall-Theater

Das ist ja merkwürdig!

Was murmelst du da?

Ich höre da so ein komisches Signal.

Mach' es doch mal lauter und stell den Bildschirm an.

Astro 4 an Erdlinge!

Das gibt es doch nicht!

Astro 4 an Erdlinge!
Bitte melden …

Das sind ja grüne Männchen!

Sag mal was zu ihnen.

Was soll ich denn sagen?

Astro 4 an Erdlinge!
Bitte melden …

Hallo Fremdling.
Wie heißt du denn?

Na, Astro 4. Ist doch klar!
Könnt ihr uns helfen?

Wir sind mit unserem Ufo durch's All gesaust, aber jetzt haben wir nur noch wenig Treibstoff.

Aber wie können wir euch da helfen?
Unser Treibstoff reicht nur für unser Raumschiff.

Nehmt unser Ufo einfach ein Stück mit.

Bis zum Mars würde uns schon reichen!

Das ist kein Problem!
Dockt bei uns an.

Vielen, vielen Dank!

Und grüßt die Erde von uns.

Lösungen

Lesehefte

S. 13
Der Dino fliegt.
Dies ist Langhals.
Der Dino kann laufen, stampfen, schlafen, fressen.

S. 15
Das Gespenst schwebt.
Es ist Mittag.
Das Gespenst kann schweben, rasseln, kichern.

S. 17
Frau Holle schüttelt das Kissen.
Dies ist Schneewittchen.
Im Märchen gibt es: Fee, Prinz, Zauberer, Drache.

S. 19
Der Pirat schläft.
Das ist eine Kanone.
Ein Pirat braucht: Kanone, Schiff, Säbel.

S. 21
Der Wellensittich ist auf dem Ast.
Das ist ein Hamster.
Ein Hund braucht: Futter, Liebe, Auslauf, Leine.

S. 23
Das Raumschiff fliegt.
Das ist ein Sternbild.
Ein Astronaut braucht: Helm, Anzug, Werkzeug.

Schau genau!

S. 25
Zähle alle … Wolken: 4
Flieger: 4
Wer ist nicht da? – Der rechte Saurier.
Wie viele Eier sind im Nest? – 7
Welcher Dino steht im Wasser? – Der linke Dino.

S. 27
Zähle alle … Sterne: 9
Gespenster: 20
Wer ist nicht da? – Das Gespenst ohne Kopf.
Wie viele Wolken sind am Himmel? – 6
Welches Gespenst sitzt am Sarg? –
Das linke Gespenst.

S. 29
Zähle alle … Tiere: 11
Brunnen: 2
Wer ist nicht da? – Der Wolf.
Wie viele Türme sind auf dem Bild? – 6
Wer pflückt Blumen? – Das linke Kind.
Wer ist es? – Der Froschkönig.

S. 31
Zähle alle … Schiffe: 3
Fässer: 4
Wer ist nicht da? – Schildkröte.
Wie viele Papageien sind auf dem Bild? – 3
Wer trägt einen Geldsack? – Der linke Pirat.

S. 33
Zähle alle … Pferde: 7
Hunde: 7
Wer ist nicht da? – Das Schwein.
Wie viele Mäuse sind da? – 2
Wer hat Kinder? – Beide.

S. 35
Zähle alle … Marsmenschen: 3
Raumschiffe: 4
Wer ist nicht da? – Satelit unten links.
Wie viele Astronauten sind am Raumschiff? – 3
Welche Rakete steht auf dem Boden? –
Rakete oben.
Wer ist es? – Astronaut vorne links im Bild.

Literatur & Internet

Literaturtipps

Charlesworth, Liza; Schecter, Deborah:
Vorlagen für 36 Hosentaschenbücher – Lesestarter.
Geschichten mit kleinen Aufgaben.
Klasse 1–2. Verlag an der Ruhr, 2008.
ISBN 978-3-8346-0422-4

Charlesworth, Liza; Schecter, Deborah:
Vorlagen für 36 Hosentaschenbücher – Lesedurchstarter.
Geschichten mit kleinen Aufgaben.
Klasse 1–2. Verlag an der Ruhr, 2008.
ISBN 978-3-8346-0423-1

Schmidt, Tanja; Grabe, Astrid:
ABC lernen mit Gedichten, Bildern und Arbeitsblättern.
Klasse 1–2. Verlag an der Ruhr, 2001.
ISBN 978-3-86072-648-8

Geffers, Andrea:
Vorlesetheater – das Praxisbuch.
Unterrichtsvorschläge, Materialien und Vorlesestücke.
Klasse 1–4. Verlag an der Ruhr, 2008.
ISBN 978-3-8346-0424-8

Yates, Irene:
Tolle Ideen. Lesen üben, Lesen fördern.
Klasse 1–4. Verlag an der Ruhr, 2005.
ISBN 978-3-8346-0015-8

Internettipps

www.lesen-in-deutschland.de
Lesen in Deutschland, das gemeinsame Portal von Bund und Ländern, versteht sich als Vermittler und Förderer des Themas Lesekultur. Hier findet man alles Wissenswerte rund um das Thema außerschulische Leseförderung.

www.stiftunglesen.de
Umfangreiche Seite mit vielfältigen Informationen und Anregungen, um die Lesekultur in der modernen Mediengesellschaft lebendig zu halten.

www.lesefoerderung.de
Die Internetseite informiert über verschiedene Projekte zur Leseförderung mit dem Schwerpunkt Kinder- und Jugendliteratur.